AF453537

LA BONNE
PHILOSOPHIE

ET
L'ART DE SALVT.

OV

Inftitution de viure parfaitement comprife en trois preceptes, Par N. S. P. le Pape
ALEXANDRE VII.

Et traduite de Latin en François.

Par F. Martial Religieux Penitent
du tiers ordre de S. François.

A PARIS,

Chez Georges Ioffe, ruë S. Iacques, à la Couronne d'Efpines.

M. DC. LVIII.

Auec Permiffion des Superieurs.

A N. S. P. le Pape.

TRES-SAINT PERE,

Voicy les deuotes produ-
ctions de vôtre esprit aux
pieds de vôtre Sainteté, qui
vous reconnoissent pour leur
Pere, & se glorifient iuste-
ment de leur noble extra-
ction. Vous les auez conceuës
dans le plus profond secret de
vôtre ame par l'operation du
S. Esprit, & les auez enfan-
tées & mises au iour pour
l'vtilité publique : Bien que
ie les aye vétuës à la Françoi-
se, vous les reconnoîtrez pour
vôtres, & i'espere que V. S.

ã ij

les acueillira auec sa douceur
ordinaire dans son sein pater-
nel, qui est le lieu de leur
naissance, suiuant ce trait de
Salomon, Les fleuues en-
trent dans la mer, & re-
tournent au mesme endroit, d'où ils estoient
fortis, pour couler dere-
chef. De grace, tendez la
main à l'ouurage de vos
mains, & donnez vôtre Be-
nediction Apostolique, tant
aux Lecteurs afin qu'ils en fa-
cent leur profit, qu'au Tradu-
cteur, qui veut viure & mourir Enfant de l'Eglise, dont
vous estes le Chef visible.

F. MARTIAL Penitent.

AV LECTEVR,

IE croy de vôtre pieté, mon cher Lecteur, que cette Philosophie & cét Art de Salut vous feront recommendables par leur Autheur, qui est le souuerain Pontife & l'infaillible Docteur de l'Eglise, d'où sortent les Oracles. Son Art vous aprend à bien viure, & sa Philosophie vous enseigne à bien mourir; car despremisses d'vne sainte

vie ſuit la concluſion
d'vne Mort precieuſe,
 Et la Mort eſt l'Echo,
 Qui répond à la vie.
Vous deuiendrez donc
vn excellent Philoſophe
en meditant la Mort , &
vous ferez vn habile Ar-
tiſan , ſi vous trauaillez
comme il faut au grand
ouurage de vôtre eterni-
té. Toutes les belles con-
noiſſances de ces Eſprits
vains , enflez de leur ſça-
uoir , ſe paſſent en idées;
tous les plus beaux chefs
d'œuures de ces braues
Ouuriers ſe conſomment
à la fin & s'abiſment dans

le neant. Aprendre à se
sauuer, & en prendre les
moyens, c'est vne estude
digne d'vne ame immor-
telle, nommée en l'Ecri-
ture *la science de Salut, la
science des Saints*, & celle
de Dieu mesme. Vous y
deuiendrez sçauant, & en
peu de temps, par la pra-
tique des enseignemens
prescrits dans ces petits
liures, particulierement
dans l'Art de Salut, du-
quel ie puis dire auec verité, qu'il est vn abregé
de toute la vie spirituelle,
& contient le suc de la
perfection Chrétienne.

Permiſſion des Superieurs.

FRERE Martial V. Prouincial des Penitens de la Prouince de S. Yues, permet à Georges Ioſſe, Marchand Libraire à Paris, d'imprimer la Bonne Philoſophie & l'Art de Salut, traduits de Latin en François par F. M. P. en vertu du Priuilege qu'il à pleu au Roy nous conceder du 15. Decembre 1646. Fait à Paris ce 15. Ianuier 1658. F. Martial V. Prouincial.

Approbation des Docteurs.

I'AY leu vn Liure, Intitulé la Bonne Philoſophie & l'Art de Salut, traduit de Latin en François par F. Martial. Religieux Penitent. Fait ce 17. Ianuier 1658.
Signé M. Grandin.

LA
MEDI
TATION
DE LA
MORT

C'EST vne Excellente Philosophie *que* la Meditation de la Mort, & *vne marque de pieté de porter vne bague, où soit representée en émail vne teste de Mort, afin que ce souuenir passe des yeux dans l'esprit pour l'en aduertir,* & *aussi pour mettre en pratique les enseignemens, que la Philosophie Chrétienne luy donne sur ce suiet.*

A

ADVIS PREMIER.

Sur la veuë du Portrait de la Mort.

QVAND on quitte le parti de la vraye vertu, tous les biens de l'homme soit exterieurs où interieurs, fauſſent la foy comme des amis perfides, rompent la ſocieté, & ſe ruinent auec le corps, auquel ils rendoient ſeruice; bref ils ne ſeruent de rien pour l'accomplissement de la felicité que nous atten-dons en l'autre vie. Il n'y a que les seules actions faites auec pieté & perfection, qui nous tiennent fidelle compagnie deuant le Iuge redoutable : car *leurs œuures les suiuent. Apoc.* 14. & l'homme de bien peut dire auec plus de verité que ce Sage ancien, *Qu'il porte tous ses biens auec soy.*

A D V I S I I.

Celuy la ne peut mourir l'esprit inquieté ny mécontent, qui aura esté disposé de longue main par

cette mort philoſophi-
que , laquelle conſiſte au
mépris & rebut des biens
periſſables ; car qu'elle
raiſon auroit-il d'eſtre ſe-
paré de la vie à regret &
auec douleur, puiſqu'il eſt
entierement détaché des
commoditez de cette vie.
Que i'eſtime heureuſe la
perſonne qui préuiendra
la mort du corps par cette
mort iournaliere de l'e-
ſprit ; Et que celuy la
meurt doucement , qui
s'eſt étudié de mourir
ſouuentefois: Ce n'eſt pas
grande merueille *ſi le mort*
mépriſe la mort, dit S. Ber-

nard sur le Ch. 5. de S. Math.
Soyez donc diligens d'aprendre les premiers rudimens de la mort, & selon la leçon de S. Paul 1. Cor. 15. *Mourez tous les iours.*

ADVIS III.

Regardez la mort comme toute proche de vous, ce sera vn moyen de vous défaire aisément de toutes les tentations de l'ennemy : car comment ce vieux rusé pourra-il vous tromper sous vne fausse apparence de bien pendant la vie ou à l'article de la mort, si vous n'auez aucun desir ny attache à

ces biens de la terre, comme vne perſonne toû-
jours preſte à partir , &
qui ne tient à rien.

Advis IV.

Aprenez la modera-
tion de l'eſprit au milieu
des proſperitez, & foulez
aux pieds le faſt mondain
par le ſouuenir de la
Mort. Puis qu'vn hom-
me doit mourir, dequoy
luy importent les attraits
d'vne fortune riante dont
il eſt priué par mille acci-
dens, & enfin par la Mort,
ſi ce n'eſt poſſible qu'ils
abregent la vie aſſez ſouuent, ſuiuant le Prouer-

be , *la Gourmandise* , & le plaisir immoderé, *en fait plus mourir que l'espée.*

ADVIS V.

Vous souuenant de la Mort , regardez d'vn œil serain & d'vn cœur inuincible le reuers d'vne mauuaise fortune. Quelques menaces qu'elle fasfe , & quelque cruauté qu'elle exerce , fes fougues n'iront point au delà du tombeau. La plus cuifante douleur où tranchera la vie , où la plus longue finira auec elle. L'affeurance qu'vn trauail doit eftre de courte durée

foulage , & l'esperance
que l'on a d'estre affranchi d'vn mal futur,
émousse la pointe d'vn
mal present & l'adoucit.

Advis VI.

Vn esprit qui attend de
pied ferme la Mort, braue
ses craintes : car à quoy
bon se rendre ce mal pre-
sent par des terreurs pa-
niques , où refuser lachement, ce qu'on ne sçau-
roit éuiter : Il vaut mieux
se laisser conduire , que
trainer par vne inéuitable
necessité.

Advis VII.

Il n'y a rien à craindre

dans la mort mesme, qu'-
vne mauuaise mort ; car
la mort des pecheurs est tres-
méchante. Pſal. 33. qui fait
cette étrange ſeparation,
ſoit de Dieu par le peché
qu'on ne peut plus effa-
cer, ou de la beatitude
eternelle par vn inéuita-
ble ſuplice. Il eſt en nôtre
pouuoir auec l'aide de
Dieu, & par vne ſainte
perſeuerance de ſortir
doucement de cette vie,
& paſſer heureuſement
de la terre au Ciel.

ADVIS VIII.

L'incertitude de l'heu-
re de nôtre mort jette la

frayeur dans toutes les
heures de nôtre vie. At-
tendez à tous les mo-
mens, celle qui se tient à
vos côtez à chaque in-
stant. Viuez de telle
sorte, comme si vous
estiez toûjours prest de
mourir. Qu'elle précau-
tion & qu'elle préuoyan-
ce deuez vous aporter là
où l'on ne manque qu'v-
ne seule fois, mais irrepa-
rablement. C'est le fait
d'vn homme prudent &
aduisé de ne se pas laisser
choir dans le precipice,
où il sçait qu'estant tombé on ne peut plus iamais

s'en releuer. Quoy si la iustice vengeresse de Dieu,
te fait mourir dans ton
crime, sans te donner loi-
sir de t'amender ? Quoy si
vn catharre ou vn ruma-
tisme te tombe du cer-
ueau & vient à t'étoufer,
comme tu as ouy dire
qu'il est arriué à tant d'autres. Comment oses tu te
tenir couché, tandis que
IESVS-CHRIST te crie,
*Veillez, d'autant que vous
ne sçauez ny le iour ny l'heure.* C'est pourquoy sans
delay frape ta poitrine
criminelle, confesse tes
pechez au Prestre, dresse

& figne ton teftament, *Donne ordre à ta maifon, car tu mouras Ifaie 38.* Tandis que vous eftes encor en ce monde, enuoyez deuant vous dés aduancoureurs en l'autre, c'eft à dire des œuures de pieté, de mifericorde & de religion, & faites dire plufieurs Meffes par aduance, & ordonnez par vôtre teftament qu'on en dife bon nombre apres vôtre decez, afin qu'elles vous deliurent plus promptement des feux de Purgatoire, & apaifent la colere du Ciel. Rendez vous

Dieu propice par cette priere publique, que vous repeterez souuent, *Seigneur deliurez nous de la Mort soudaine & impreueuë.* Tachez de gagner les Indulgences plenieres concedées du S. Siege pour la remission des peines deuës aux pechez. Portez toûjours pendu au col vn Agnus Dei benit du Souuerain Pontife, d'autant qu'il a grande force & vertu contre le tonnerre & la Mort subite. Si vous vous prémunissez de tant de secours, la Mort ne vous surprendra iamais au dépourueu.

ADVIS IX.

Quand vous deliberez d'vne affaire d'importance, particulierement qui regarde le salut eternel, apres auoir pesé les raisons de part & d'autre, si vôtre esprit est en balance & suspens prenez conseil de la Mort, vous l'experimenterez fidelle. C'est ainsi que S. Ignace dans le Liure des Exercices spirituels remplis d'vne sagesse celeste enseigne aux personnes, qui veulent se resoudre sur le chois d'vn estat de vie, la

methode pour choifir le
plus parfait. Penfez , dit-
il, ce que vous voudriez
auoir fait en ce rencontre,
fi vous eftiez preft à mourir. Certes cela eft bien
dit:car la Mort à l'œil ex-
tremément perçant,pour
découurir la verité , fans
que le nuage des biens paf-
fagers l'obfcurciffe. Elle
regarde que le point du
iour de l'eternité eft preft
de fe leuer, & emprunte
cette lumiere du tribunal
du Iuge tres-clairvoyant,
qui ne peut eftre trompé
d'aucune vaine image,
d'vne felicité platrée.

Advis X.

Dés que vous serez ac-
coûtumé d'attendre la
Mort, & la méprifer cou-
rageufement, vous iouï-
rez d'vne telle tranquillité d'efprit , que vous ne
fentirez point d'émotion,
ny de trouble au milieu
des aduerfitez : car apres
auoir dompté & comme
apriuoifé le mal le plus
terrible de tous les terri-
bles , ainfi que l'appel-
le le Prince des Philofo-
phes ; Qu'eft-ce qui vous
pourra épouuenter ou
troubler deformais. Vous
n'auez plus qu'à vaincre

& détruire l'impitoyable
mere d'vne fille si cruel-
le , i'entends le peché
mortel, qui cause plus de
dommage à l'homme que
toutes les pestes du mon-
de. Surmontez ce mon-
stre, & l'exterminez. Ce-
la fait, viuez & mourez
dans l'asseurance qu'il ne
vous arriuera aucun mal.

Advis XI.

Le dard inéuitable de la
Mort vous aduertit, que
faisant de necessité vertu
vous vous remettiez en-
tierement à la disposition
& au vouloir de Dieu, &
selon le conseil de Saint

Chryſoſtome, que vous
offriez de bon cœur com-
me vn preſent agreable,
ce qu'auſſi bien on exige-
roit de vous comme vne
debte , malgré que vous
en euſſiez. Reſtituez à
l'Autheur de la vie celle
qu'il vous a preſtée , à
condition que vous luy
rendriez toutes fois &
quantes qu'il luy plairoit:
car vous ſerez adjourné
perſonnellemẽt de payer
ce tribut , & de rendre la
vie , non en qualité de
rente, mais comme vn dé-
poſt. Si vous quittez vo-
lontiers & ſelon iuſtice ce

qui vous feroit autrement
arraché, quand vous vous
obftineriez de le retenir
par force , vous mourez
plus doucement & meri-
terez plus de gloire.

Advis XII.

Ce mot autrefois écrit
en lettres de diamant
dans l'arreft diuin , *Il eft
ordonné à tous les hommes de
mourir. Hebr.* 9. declare
nettement qu'vn homme
a perdu le fens & la rai-
fon, s'il n'employe tout
fon efprit & toutes fes
forces à bien faire, ce qui
eftant mal fait vne fois,
ne peut plus eftre défait

ny reparé. Le dez de la Mort jetté d'vn coup de mauuaise chance fait perdre pour vne eternité toutes les plus hautes fortunes. Il ne reste plus aucune planche ny espoir apres ce naufrage, il faut perir : mais vous payerez eternellement , ce que vous aurez icy manqué vne seule fois.

Advis XIII.

Il ne suffit pas au Chrétien d'étoufer les craintes de la Mort d'vn courage constant , de reuerer la main de la iustice diuine, & de se persuader qu'vn homme de vertu ne peut eftre trompé en la perte de cette vie prefente; d'autant que *les ames des Iuftes font en la main de Dieu, & le tourment de la Mort ne les touchera point.* Sap. 3. Il faut adjoufter que le Sage doit aimer la Mort, la fouhaiter pendant fon abfence, & lors qu'elle fe prefente la receuoir agreablement, & comme vn breuuage tres-doux l'aprocher des leures; puifque IESVS-CHRIST nôtre diuin Echanfon en a goufté le premier pour nôtre

amour, & pour en ôter l'a-
mertume. I'aduoüe qu'el-
le eſtoit ordonnée autre-
fois pour punition de la
deſobeïſſance d'Adam en
mangeant vn morceau
deffendu, *En quelque iour*
que tu mangeras, tu Mouras
Gen. 2. Mais à preſent que
le Prince de la vie l'a
aualée, elle eſt changée en
vne douceur tres-ſalutai-
re & en vn medicament
d'immortalité. Autrefois
on la nommoit chez les
Poëtes l'impitoyable A-
tropos, qui coupoit le fi-
let de la vie, maintenant
elle eſt celle qui diſpoſe &

mene aux nopçes de l'A-
gneau ; autrefois chafti-
ment , maintenant vne
riche moiſſon de merites;
autrefois ſource de lar-
mes & de triſteſſe , maintenant de ioye & de plai-
ſirs eternels ; Enfin elle
eſtoit autrefois la porte
de l'enfer , à preſent elle
l'eſt du Paradis.

Advis XIV.

Viuez donc de telle
ſorte que vous ne mou-
riez point à regret. De-
mandez continuellement
en vos prieres, la Victoire
du peché au Seigneur Vi-
ctorieux du peché & de la

Mort. Estudiez & repetez souuent ce beau mot, *Que mon ame meure de la Mort des Iustes. Num.* 23. Mais pensez qu'on vous répond. *Viuez de la vie des Iustes.*

Soit Imprimé,
Si le R. P. Maitre du Sacré Palais Apost. le trouue bon. *M. A. Odde Vicegerent.*

Soit Imprimé.
F. Saluateur Pagliairi Compagnon du *R. P. Maitre du Sacré Palais Apost.*

A ROME,
De l'Imprimerie de la R. Chambre Apostolique. L'an M. DC. LV.

L'ART DE SALVT,

OU

INSTRVCTION

pour viure parfaitement;
Comprise en trois
Preceptes.

*Par N. S. Pere le Pape
Alexandre VII.*

Et traduite de Latin en François par le P. Martial.

A PARIS,

Chez GEORGES IOSSE, ruë
S. Iacques, à la Couronne
d'Espines.

M. D. C. LVIII.

Auec Priuilege & Permission.

Le dessein & la diui-
sion de cét Art.

BIEN que ie n'ignore
pas, Amy Lecteur, que
les Autheurs celebres en pieté
& doctrine, requierent auec
raison plusieurs choses, pour
mener vne vie parfaite &
vertueuse; parce que neans-
moins le grand nombre d'enseignemens, confond pour
l'ordinaire, & mesme décou-
rage & rebute les personnes
les plus curieuses d'aprendre,
i'ay pensé que ie ferois mieux

A

2

de reduire tout cét Art à trois
chefs principaux, à la pureté de conscience, à la pureté d'intention, & à la
conformité de la volonté
humaine auec la diuine,
par lesquels comme nous sommes tres étroitement vnis à
nôtre fin derniere, qui est
Dieu, & que selon le senti-
ment de tous, la perfection de
l'homme Chrétien consiste
en cette vnion ; ie ne voids
pas qu'est-ce que l'on peut
souhaiter d'auantage: car premierement par la pureté de
conscience nous ostons tous
les empeschemens opposez à
vne fin si releuée : sçauoir les

pechez, lesquels au dire d'E-
saie sont des murs de separation, qui nous diuisent d'a-
uec Dieu, & nous détournent
d'aller à sa suite. Or par la
pureté d'intention, estans
desia conuertis à Dieu, dés
que nous tâchons de luy plaire, nous nous insinuons en
son amitié, & vsans de quelque sorte de priuauté, nous
pretendons à son alliance, qui
enfin s'acheue par la conformité de la volonté hu-
maine auec la diuine. Ve-
ritablement, *dit S. Ber-
nard*, c'est le contract d'vn
saint & spirituel mariage,
ou pour mieux dire, c'est

4

vn embraſſement tout
pur & tout celeſte là où le
meſme vouloir, & non
vouloir de deux eſprits
n'en fait qu'vn. Par cette
conformité nôtre ame de-
uient en quelque maniere
l'Epouſe de ſon Createur,
apres luy auoir porté le reſpect
d'vne Fille par la pureté
d'intention, & montré la fi-
delité de Seruante par la pureté de conſcience.

De plus par ſes trois chefs
on tient les trois voyes ſelon le
langage des ſpirituels, purga-
tiue, illuminatiue & vniti-
ue, qui menent à la perfection : car ſans parler de la

premiere & troisiesme, aisées
à reconnoistre en la pureté de
conscience , & en la conformité de la volonté de l'homme auec celle de Dieu, l'illuminatiue oblige specialement
à la parfaite imitation de
IESVS-CHRIST. Or
qu'est ce que IESVSCHRIST
à regardé toute sa vie, sinon
la gloire de Dieu son Pere?
d'où viennent ces paroles, Ie
ne cherche point ma gloi-
re, & ma gloire n'est rien.
Enfin i'ay suiui en cet Art
la diuision du bien, que tout
le monde desire, selon le Phi-
losophe, afin que l'esprit gai-
gné par ses attraits aimât

6

plus ardamment la vertu (que
l'on estime communément
affreuse & difficile) & em-
brassât sous le bien honneste la pureté de conscience,
sous l'vtile la pureté d'intention, & sous l'agreable cette
conformité : car qui a-t'il de
plus honneste qu'vne bonne
conscience, exempte non seulement de tout peché, mais
encor de tout nuage de passion ; Quoy de plus profitable
que la pureté d'intention, qui
merite des accroissemens con-
tinuels de grace & de gloire,
mesme par les moindres
actions ; Enfin y a-t'il rien de
plus agreable que de se reposer

doucement dans le sein de la diuine prouidence, comme dans vn asile tres-asseuré, parmi tant d'incommoditez du corps & des biens; de façon qu'il me semble à bon droit que quiconque s'y exercera serieusement, sera rempli de toutes ces sortes de biens, mesmes dés cette miserable vie, & commencera à gouster les delices du Paradis, auquel il tend par vn chemin si aisé & certain. Voila le dessein de cet Art; ie passe maintenant à la pratique.

I. PRECEPTE.

*Pratique de la pureté
de conscience.*

CETTE pureté consiste en deux points. 1. A expier le mal que l'on a commis. 2. A ne plus commettre ce que l'on a expié, autant qu'il est possible. Le premier se pratique par *la Contrition & la Confession.*

La Contrition est vne

douleur & detestation du peché commis contre la bonté souueraine de noſtre Seigneur tres-aimable, auec vn ferme propos de ne le plus commettre, & de s'en confeſſer à la premiere occaſion. Or il faut recourir à ce remede, auſſi tôt qu'on s'apperçoit eſtre tombé dans le peché, crainte de s'habituer & endurcir au mal, où de peur que le Diable n'accroiſſe ſon empire & ne ſe fortifie en nôtre ame : mais principalemẽt de peur que la mort ne nousattaque à l'improuiſte par quelque accident.

La Confeſsion doit auoir ces conditions. 1. Qu'elle ſoit *exacte*, s'y preparant par vn diligent examen de conſcience. 2. *dolente* où pleine d'vne ſainte triſteſſe , par la contrition où du moins par l'attrition. 3. *claire* ſans détours , déguiſemens & excuſes inutiles. 4. *entiere,* adjoûtant le nombre des pechez & des circonſtances neceſſaires qui changent l'eſpece, où qui l'aggrauent notablement. 5. *diligente* : car comme les playes recentes ſont plus

aifées à guerir , de mefme
l'ame qui fe repent incontinent de fon peché. 6. *fa-*
tisfaĉtoire , gaignant les
Indulgences pour fe deli-
urer des peines , entre lef-
quelles on doit extréme-
ment craindre les recheu-
tes , & que Dieu ne per-
mette qu'vn peché , faute
d'auoir efté bien expié,
n'en attire vn autre.

Le fecond point s'ac-
quiert par les moyens fui-
uans.

I. *Le matin vne courte*
mais ferieufe reflexion fur
toutes les aĉtions de la iour-
née , préuoyant les occa-

fions du peché, & faifant vne ferme refolution de ne point pecher ce iour là, quoy que le Diable, la chair & le monde dreffent toutes leurs machines contre vous. Et qui eft la perfonne, qui ne puiffe du moins fe contenir vn iour mefme dans les plus for-tes tentations & les occa-fions les plus preffantes. Or toute nôtre vie n'eft qu'vn iour, celuy d'hier eft comme celuy d'au-jourd'huy, & le troifief-me comme les autres. Si vous auez pû aujour-d'huy vous garder d'of-

fencer Dieu , pourquoy
ne le pourez vous pas de-
main ? pourquoy non en-
cor apres demain ? de forte que ceux la à mon ad-
uis raiſonnent fort mal,
qui contènt leurs difficultez & tentations par les
mois & par les années , &
d'autant qu'ils deſeſpe-
rent de remporter la vi-
ctoire durant vn ſi long
temps , ils ſuccombent
honteuſement & ſe ren-
dent dés le premier iour.
Qu'ils viuent & vain-
quent aujourd'huy, qu'ils
ſoient encor demain vi-
ctorieux, ſi Dieu les laiſſe

viure ; & ainſi la bonne
vie d'vn iour communi-
que ſa bonté à tous les
mois , à toutes les années,
& à toute la vie. Cecy ſert
beaucoup non ſeulement
en la fuite des vices : mais
encor en la pratique de la
vertu , afin de nous reſou-
dre d'eſtre deuots , hum-
bles , patiens és iniures,
pitoyables enuers les pau-
ures , &c. du moins cette
iournée , principalement
ſi nous reprenons ſouuent
haleine par differens mo-
tifs . Aujourd'huy en
l'honneur de Dieu nôtre
Createur , aujourd'huy

en souuenance de nôtre
doux Sauueur, aujour-
d'huy à la loüange de la
Sainte Vierge sa Mere, de
nôtre Ange gardien, où
des autres Saints de nôtre
deuotion   particuliere.
Que ce soit encor pour
détourner ce mal de nous
où du prochain, pour im-
petrer vne telle grace où
vertu pour nous où pour
les autres, à ce que nous
ne manquions pas de nou-
ueaux motifs & diuerses
raisons en vne si grande
abondance de maux & di-
sette de biens. Il faut re-
sister à ces facheuses ten-

tations de Satan, qui nous disent ? *Quoy donc ! cette sensualité ne me sera-elle plus iamais permise ?* Hé donc, souffriray-ie touiours cela, il faut di je les rembarer par ce genereux mépris. *Resolument, auiourd'huy ie ne suiuray point ma sensualité, auiourd'huy ie veux soufrir.*

II. *La continuelle meditation des fins dernieres*, de l'incertitude de la Mort, des rigueurs du iugement, & des peines eternelles ; chacune de ces choses estant bien pesée, nous empeschera aisément de tomber dans le peché.

peché : car si quelqu'vn
estant sur le point d'offencer Dieu, vn bourreau ve-
noit luy apporter la nou-
uelle qu'il faut mourir sur
le champ , où estre cōduit
soudain au parquet pour
y receuoir vn arrest irre-
uocable de Mort , sans
doute que l'ardeur de sa
conuoitise s'éteindroit, &
au lieu de penser à son crime , il ne songeroit plus
qu'à sauuer sa vie. Or il
nous faut mourir , nous
deuons estre presentez
deuant vn terrible Iuge,
& possible en ce moment
que nous consentons au

crime ; voudrions nous
l'auoir fait a l'article de la
Mort ? Les peines nous
attendent qu'il faut payer
eternellement , & nous
nous y engageons par le
seul moment d'vne cheti-
ue volupté. Mais ie ne
mouray point en ce mo-
ment, dites vous? Et moy
ie dis, peut-estre y mou-
rez vous ; plusieurs ont
esté trompez & precipi-
tez dans les enfers sur
cette fausse esperance,
c'est vne faute que l'on ne
fait qu'vne fois, mais elle
est eternelle. Que sera-ce
si selon le langage de l'E

criture *nous remplissons nôtre mesure* par ce peché:
c'est à dire, que possible
c'est le dernier peché
apres lequel Dieu a deter-
miné de nous punir in-
continent, ayant dissi-
mulé les autres iusqu'icy,
ou du moins de ne pas
donner lieu à la peniten-
ce : car celuy, qui à promis le pardon aux Peni-
tens, n'a pas promis la
penitence aux pecheurs.
Et partant refrenons cet-
te folle temerité de pe-
cher par la crainte salutaire de dangers si certains.
III. *Le souvenir de la pre-*
B ij

sence de Dieu, qui n'est pas
seulement spectateur de
nos actions, mais encor
le Iuge & Vengeur tres-
seuere. Il n'est point icy
besoin d'imagination ; il
suffit d'auoir vne foy vifue , par laquelle nous
croyons que Dieu est tel-
lement par tout, qu'il n'y
à coin ny caches si secre-
tes, qu'il ne les remplisse
de son immensité & de sa
toute puissance, selon ce
dire de Dauid , *Où iray-ie
loing de vôtre esprit ? & où
m'enfuiray-ie de deuant vôtre face ? Si ie monte aux
Cieux, vous y estes desia; si*

*ie descens aux enfers, vous y
estes present* ; Et selon l'A-
postre, *nous auons en luy la
vie, le mouuement & l'estre.*
Auec quelle effronterie
dóc oserós nous cómettre
en presence & deuant les
yeux d'vne telle Majesté,
ce que nous n'oserions deuant les hommes. De plus
nous receurons du ren-
fort de nôtre Ange gar-
dien , que Dieu a voulu
estre continuellement à
nos côtez , comme vn
Precepteur domestique,
afin qu'estans touchez de
son respect ,il arreste les
mouuemens déreglez de

nôtre esprit.

IV. *La fuite des occasions
du peché* ; veu que celuy
qui aime le peril , y fera
naufrage; & si nous auons
tant de peine à nous tenir
debout en beau chemin,
écartons nous des lieux
glissans , autant que nous
pourons. Ie mets au nom-
bre d'icelles. 1. La com-
pagnie des hommes mé-
chans & corrompus ; car
on contracte les mœurs
de ceux auec qui l'on con-
uerse, & comme certaines
maladies corporelles pas-
sent des vns aux autres, de
mesme le mal de l'esprit

se communique au pro-
chain : Prenons donc soi-
gneusement garde auec
quelle sorte de personnes
nous faisons amitié, &
hantons familierement.
De plus ne demeurons ia-
mais seuls auec vne per-
sonne suspecte qu'en pre-
sence des autres, pour
mettre à couuert nôtre
conscience & nôtre repu-
tation. Enfin si la ciuilité
ou la necessité nous oblige à rendre visite aux personnes, dont la veuë ou
l'entretien pourroit amo-
lir nos cœurs & les attirer
au peché, ne le faisons

point qu'au préalable
nous n'ayons fait vne ferme resolution de n'y
point offencer Dieu. Le
B. Borgia Duc de Gandie
se reuétoit d'vn cilice en
semblables rencontres. 2.
Ie conte parmi les occa-
sions la trop grande liber-
té des sens , & nommé-
ment de la veuë; d'autant
que ce sont des fenestres,
par lesquelles entre la
Mort , dit le Prophete; &
qui jette ses yeux par tout,
il vient souuent à desirer
ce qui est illicite. Les hi-
stoires sont pleines de ces
mal - heureuses cheutes.

Et

Et ne nous flatons pas de ce que dans ces conuerſa- tions libres & curioſitez des yeux, il nous ſemble que nous ne reſſentons point aucun mouuement déreglé. Quand on con- duit vne mine ſous vn fort, & que l'on y met la poudre à canon, rien ne branſle ; mais dés qu'on approche la moindre étincelle de feu, auec quel bruit & fracas toute cette fortereſſe eſt-elle boule- uerſée. De meſme, auſſi tôt que le Diable allume le foyer de la concupiſ- cence, qui ne s'éteint iamais totalement en nous, ç'en eſt fait , la chaſteté perit ; voire c'eſt vne ruſe du Demon de ne cauſer aucun mouuement dans les commencemens , afin qu'eſtans trompez de ce calme de l'eſprit , petit à petit nous rendant plus hardis , il nous jette en de plus grands perils & tempeſtes.

V. *La fuite de l'oiſiueté* : à quoy ſeruira d'auoir toutes les actiós de la iournée bien reglées , ſans interrompre iamais cét ordre qu'en neceſſité vrgente. Les Maîtres de la vie ſpirituelle disoient autrefois qu'vn seul Diable tente celuy qui trauaille ; mais mille attaquent vne personne oisiue. Il profitera encor beaucoup de s'occuper en quelque sorte d'exercice ou d'estude, auquel nous prenions vn grand plaisir, & nous nous y plongions par maniere de dire, afin que dans vne rude tentation nous bandions toutes les puissances de nôtre esprit, pour le diuertir des suggestions mauuaises, ou bien que nous nous apliquions fortement à quelque pensée facheuse de

difficultez priuées & do-
mestiques ; car encor qu'-
elle tourmente l'esprit,
elle l'occupe neantmoins
sans peril.

VI. *La lecture des liures
spirituels*, que le Confes-
seur aura aprouué ou pré-
scrit. Elle doit estre. 1. *at-
tentiue*, en chassant les
soins superflus & les di-
stractions. 2. *deuote*, y
entremeslant de fois à autre des aspirations vifue
& enflammées vers Dieu
3. *pratique*, en l'apliquan
aux mœurs & à nôtre vsa-
ge, de sorte que le mond
lise en nôtre vie tout c

que nous lisons dans les liures.

VII. *Entendre iournellement la Sainte Messe*, auec reuerence, attention & ferueur : veu qu'estant vn sacrifice d'expiation & de satisfaction, on acquite le reste de nos pechez qu'on seroit obligé de payer en cette vie où en Purgatoire : Et le mesme estant aussi impetratoire, il n'y à point d'exercice, qui nous fasse obtenir de Dieu plus facilement tout ce que nous demanderons. C'est auec raison qu'on la doit entendre

deuant que commencer
les autres actions : parce
que Dieu à droit d'exiger
de nous les premices de la
iournée ; & aussi d'autant
qu'elles reüssiront mieux
& auec plus de facilité,
puisque ceux , qui cher-
chent premierement le
Royaume de Dieu , ne
manquent pas d'obtenir
le reste.

VIII. *L'examen iour-*
nalier, general & particulier. *Le general* contient
pour parties l'action de
graces , la demande de
lumiere & connoissance,
l'examen & discussion des

penſées , paroles & œu-
ures contre Dieu , le prochain & nous meſmes,
parcourant par ordre
toutes les actions de la
iournée , de maniere que
rien ne nous échape en-
quoy nous aurons offenſé
Dieu ; en ſuite la douleur
& deteſtation auec vn ferme propos d'amende-
ment ; enfin la priere. *L'e-*
xamen particulier eſt com-
poſé des meſmes parties,
ſinon ſeulement qu'il s'ar-
reſte à la diſcuſſion , ou
d'vn vice particulier que
nous mettons peine de
déraciner , ou de quelque

vertu à l'acquifition de laquelle nous tachons de nous habituer, de forte que nous prenions foi-gneufement garde, & mefme remarquions par efcrit le nombre de nos fautes dans le vice, ou des actes au fait de la vertu, à ce que faifant comparai-fon d'vn iour à l'autre, nous reconnoiffions fi nous auons aduancé ou reculé. Or cét examen fe doit dreffer en premier lieu contre le vice, auquel nous tombons plus ordi-nairement, & qui nous aporte plus grand dom-

mage & scandale au pro-
chain. Au reste il ne se
trouue point de moyen
plus efficace pour net-
toyer l'ame, veu que par
le general on reconnoist
les vices & leurs racines,
que l'on s'euertuë d'arra-
cher petit à petit par le
Particulier.

IX. Ie conseillerois
encor tous les iours *quel-*
que courte Meditation, d'autant que par icelle on gou-
te les choses spirituelles,
& l'Apostre asseure, *que*
celuy qui marche en esprit,
n'acomplit point les desirs de
la chair. La Meditation,

pour l'expliquer en peu
de mots, est vne considé-
ration affectiue & effecti-
ue d'vn sujet déterminé
& preparé, ordonnée à la
detestation du peché, à
l'acquisition de la vertu,
& à l'amour de Dieu. I'ay
dit, 1. *affectiue*, pour la
distinguer de l'étude, qui
se contente d'éclairer l'e-
sprit, au lieu que la medi-
tatió passe outre & enfla-
me encor la volonté par
de saintes affections. I'ay
dit, 2. *pratique*, sçauoir
en l'apliquant aux mœurs
& à nôtre vsage; ne di-
sant pas seulement en ge-
neral ie seray patient, mais
descendant aux cas particuliers

~~neral~~, ie soufriray cét injure, ce mépris, &c. 3.
d'vne matiere determinée &
preparée, de peur que l'e-
sprit ne demeure vaga-
bond dans des pensées va-
gues & incertaines. Or on
la peut determiner selon
l'ordre que les Autheurs
des liures de meditations
ont dressé. On doit aussi
la preparer dés le soir deuant que de se mettre au
lit, & la diuiser en plu-
sieurs points, préuoyant
mesme les affections principales que l'on en voudra
tirer. Quant à *la prepara-*
tion prochaine, qu'ils apel-

lent , c'eſt celle qui fait que la perſonne , qui me-dite, ſe met, 1. en la pre-ſence de Dieu , & apres vne petite reueuë des points de la meditation, & la repreſentation du myſtere propoſé, luy de-mande la lumiere & la grace d'acomplir cét œu-ure auec fruit.

X. *L'vſage frequent des Sacremens de la Penitence & de l'Euchariſtie* , afin de puiſer en tous les deux, comme en des vaiſſeaux tres-precieux , les reme-des propres aux neceſſi-tez de l'ame, & particu-

lierement la force de refi-
fter au Demon , & à fes
tentations , veu que la Penitence releue celuy qui
eft tombé , & le pain ce-
lefte fortifie le cœur de
l'homme. I'ay dit , *fre-*
quent : car où nous auons
peché, où non. Si nous
n'auons point peché , dés
lors nous fommes dignes
de nous affeoir à ce diuin
banquet , eftans reuétus
de la robbe nuptiale. Si
nous fommes en peché,
nous auons befoin de la
Confeffion , de peur de
nourrir trop long temps
ce ferpent en noftre fein:

encor qu'il soit tres-pro-
fitable de confesser les pechez veniels, où nous
tombons souuent, pour
l'acroissement de la gra-
ce & des dons surnaturels.
Et d'où vient que nous
sommes si curieux de la
netteté & de l'entretien
de nôtre corps, que nous
ne sçaurions souffrir la
moindre tache aux mains
& au visage, & que nous
prenons tous les iours l'a-
liment pour reparer nos
forces corporelles ? Et
nous soufrôs neantmoins
que la plus noble partie de
l'homme, sçauoir nôtre

ame foit foüillée de ta-
ches execrables, & qu'el-
le fe nourriffe fi rarement
d'vne viande dont elle a
tant de befoin. Or de peur
que parmy le trop fre-
quent vfage il ne s'y gliffe
de l'abus, & qu'on apro-
che lachement & fans la
feruueur conuenable à de
fi hauts myfteres, exci-
tons nous continuelle-
ment par les diuers mo-
tifs qui font marquez à la
fin du premier moyen.

XI. *La denotion enuers
la Sacrée Vierge*, que l'E-
glife & les Saints Peres
appellent l'Aduocate des

pecheurs. Voicy comme
Saint Augustin luy parle,
*Vous estes l'vnique esperance
des pecheurs, nous attendons
le pardon de nos fautes par
vos merites,* & S. Bernard,
*Si la grandeur de tes crimes
te trouble, si la puanteur de
ta conscience te confond, si
l'horreur du iugement t'epou-
uente, si tu commence à estre
abismé dans vn gouffre de
desespoir & de tristesse, éleue
ton cœur vers Marie, inuoque
le sacré nom de Marie.* Et
plusieurs, qui ont honoré
d'vn culte & d'vne affe-
ction speciale la Virginité
de Nostre Dame & sa pu-
reté

reté immaculée, témoignent en auoir experimenté vne particuliere assistance pour la conseruation de la chasteté. La Sainte Vierge enseigna à Bernardin Realin de s'armer de ce bouclier contre les traits de la luxure, *O tres pure Vierge Marie par vôtre tres-sainte Virginité, purifiez mon corps au Nom du Pere, du Fils, & du S. Esprit.* On doit aussi beaucoup se confier au culte des autres Saints, & principalement de son Ange gardien.

XII. Enfin il faut

choisir *vn homme pieux &* *prudent*, auquel on ne se contente pas seulement de découurir ses pechez, mais encore ses passions, tentations & perils, afin qu'il nous instruise auec plus d'asseurance, & nous conduise à la perfection, que nous desirons, en suiuant humblement ses conseils.

ORAISON.

O Dieu tres-clement, ie m'aproche moy miserable & horrible pecheur du thrône de vôtre grace, & ie ne me confie

qu'en vôtre seule miseri-
corde ; afin que par icelle
vous lauiez mes ordures
dans le Sang de vôtre Fils
bien-aimé : & bien que ie
ne le merite pas à raison
de mes défauts, ayez pi-
tié de moy en tant que
vous m'auez fait, tendez
la main à l'ouurage de vos
mains. Quoy ! ne m'auez
vous pas formé de bouë?
Et qu'en pouuiez vous at-
tendre, ô mon Dieu, sinó
de l'ordure ; En outre ne
suis-je pas conceu en iniquité, & ma mere ne m'a
elle pas engendré en pe-
ché ? Ce n'est donc pas de

merueille, si estant formé
& conceu de la façon i'ay
augmenté mes crimes par
ma propre malice. Helas!
ie l'aduoüe que comme
vn pourceau qui se veau-
tre dans vn bourbier; ainsi mon ame prenoit ses
delices dans l'ordure, en
s'éloignant de vous qui
estes la fontaine d'eau
viue. O Bonté infinie,
vous m'auez nettoyé du
peché originel par les
eaux du baptéme, & vous
estes toûjours disposé à
me pardonner les actuels,
toutesfois & quantes que
ie confesseray mon inju-

ftice à l'encontre de moy:
mais fi ie l'ay fait auec affez de regret & d'humili-
té, vous feul le fçauez, qui
fondez les reins & les
cœurs. Ma contrition eût
deû eftre comme la mer,
pour lauer toutes mes im-
mondices, afin que les
larmes fuffent verfées
en abondance là, où les
pechez ont abondé; mais
mon cœur plus mol au
peché que la fange, eft de-
uenu dur & fec à la peni-
tence comme vn tui-
leau. C'eft pourquoy i'ay
grand fujet de craindre
que ie ne fois pas affez

pur, ſi vous mon Dieu
n'auez pitié de moy ſelon
vôtre grande miſericor-
de, & n'effacez mes ini-
quitez ſelon la multitude
de vos miſerations. Bien
que vous ayez laué ces
ordures dans le bain du
Sang tres-precieux de
vôtre Fils, ie ne me tiens
pas neantmoins encor aſ-
ſez pur, tant que vous
vous ſouuiendrez poſſi-
ble de mes iniquitez, &
que vous ne me nettoye-
rez pas, Seigneur, de mes
pechez cachez, n'y ne
pardonnerez point à vô-
tre ſeruiteur ceux d'au-

truy ; tant que mon ame
demeure encor souillée
des idées & images exe-
crables de mes crimes an-
ciens , & de la semence
de nouueaux ; tant qu'il
me reste de méchantes
habitudes, qui comme des
nuées épaisses me cou-
urent & m'empeschent
de vous voir , mon seul &
vnique bien ; tant que
mes intentions ne seront
point droites ; tant que ie
ressentiray viure en moy
la sensualité en mes affections, la curiosité en mes
sens , la legereté en mes
paroles , la vanité en mes

actions, la negligence aux
choſes du Ciel, l'empreſ-
ſement pour celles de la
terre, le mépris des eternelles, & vne grande eſtime des humaines, ſi vous,
Seigneur , ne me lauez
encor d'auantage de mon
iniquité, & ſi vous ne renouuellez en mes entrail-
les vn cœur, ie ne dis pas
pur & net (car il n'a iamais eſté tel en vôtre pre-
ſence) mais le créez par
vôtre   toute   puiſſance,
vous qui pouuez ſeul pur-
ger celuy qui a eſté con-
ceu dans l'immondice. O
fontaine & amateur de
pureté,

pureté , purifiez par le Sang de vôtre Fils bien-aimé , & par l'infusion du Saint Esprit mon ame & mon corps , mes pensées, mes paroles & mes œuures , afin qu'il ne se trou-ue rien en moy qui dé-plaise à vôtre eternelle beauté , rien qui offense vôtre bonté infinie & vô-tre amour immense. I'ay-me mieux mille & mille fois mourir , que de me soüiller derechef en vous offensant.

Oraisons iaculatoires.

Mon Dieu créez en

moy vn cœur pur & net,
& renouuellez vn efprit
droit en mes entrailles:
Ne me rejettez pas de
deuant vôtre face, & ne
m'oftez point vôtre Saint
Efprit.

Ne vous refouuenez
pas, Seigneur, de nos iniquitez anciennes, & que
vos mifericordes nous
préuiennent foudain.

Aidez nous, ô nôtre
Dieu & Sauueur, & nous
deliurez de nos pechez,
& foyez nous propice
pour la gloire de vôtre
nom.

Seigneur, nettoyez-

moy de mes pechez ca-
chez, & pardonnez à vô-
tre feruiteur ceux du prochain, aufquels il a par-
ticipé.

Ne remettez point en
vôtre fouuenir, Seigneur,
les pechez de ma ieunef-
fe, ny ceux que i'ay com-
mis par ignorance.

Que mon cœur foit
fans tâche en tous vos
commandemens , afin
que ie ne demeure point
confus.

I'ay fait vne protefta-
tion folemnelle , & vne
ferme refolution de gar-
der fidellement vos com-

mandemens, fur lefquels
vôtre Iuftice me iugera.

Mon Seigneur IESVS,
ne permettez point que
iamais ie fois feparé de
vous.

O bon IESVS, & vous
tres - fainte Vierge, ne
permettez pas que ie
commette ce peché.

Seigneur, ie fouffre
violence, répondez pour
moy.

PRECEPTE II.

Pratique de l'intention pure.

PRemier que nous venions à la pratique, il est à propos d'assigner la difference qu'il y a entre les intentions vicieuses & les bonnes, entre les bonnes & les pures, comme on distingue la bouë d'auec la crasse du fer, & celle cy d'auec l'or, afin que nous marchions d'autant plus asseurément, que nous

sçaurons non seulement
où nous deuons aspirer,
mais encores quelles er-
reurs il faut éuiter.

En premier lieu *l'inten-
tion vicieuse*, est de ceux
qui n'ont point d'autre
but en leurs actions que
d'estre veus des hommes,
de leur complaire, & d'a-
uoir de la complaisance
en eux mémes; qui fuyent
le mal, de peur d'encou-
rir infamie, où quelque
perte temporelle; qui s'a-
donnent à l'exercice des
vertus, pour ne paroitre
au dessous de leurs égaux,
& pour monter par icel-

les , comme par degrez,
aux richeſſes , aux hon-
neurs & à vne haute eſti-
me dans le monde. Dauid
a raiſon d'appeller ces
gens la *Enfans des hommes
qui ont le cœur apeſanti, &
qui aiment la vanité & le
menſonge,* d'autant qu'ils
abaiſſent leur eſprit vers
la terre , & ne regardent
que les choſes humaines
& periſſables.

Ceux la ſont portez
d'vne *bonne intention* , qui
s'abſtiennent du vice par
crainte de la iuſtice diuine , & qui s'adonnent à la
vertu ſur l'eſperance du

Paradis, ainsi que difoit
Iob, *l'ay eu peur de toutes
mes œuures, ſçachant que
vous ne pardonnez point à
celuy qui manque*; & Dauid,
*I'ay encliné mon cœur à gar-
der vos Commandemens, à
cauſe de la recompenſe.* Ils
ſont   neantmoins   fort
éloignez de cette pureté,
à laquelle nous deuons
aſpirer, lors qu'ils ſe regardent eux meſmes &
leurs commoditez plutôt
que Dieu & ſa gloire. Il
eſt vray, qu'ainſi qu'on
met le mords & on don-
ne de l'eſperon à vn che-
ual fougueux & indom-

pté, de mesme vn esprit
qui n'est pas encor assez
souple, doit estre picqué
de ces aiguillons, iusqu'à
ce qu'il se sente prompt
& diligent au seruice de
Dieu, pour l'amour de
Dieu mesme. Ie mets de
ce nombre ceux qui dans
la fuite des vices, où la
poursuite des vertus, aspi-
rent principalement à la
tranquillité de leur con-
science, & à ie ne sçay
quelle tendresse & suaui-
té interieure, qui naist
ordinairement des bon-
nes actions.

Mais *l'Intention pure* se

porte tellement à Dieu,
qu'elle ne cherche rien
que Dieu mesme , & le
bon plaisir de sa diuine
volonté, rien que de plaire à vne si haute Majesté,
rien que l'acroissement
de son honneur , elle ne
pense point à la recom-
pense : car elle se croit
tres - bien recompensée
de plaire à Dieu: & neantmoins elle ny perd rien,
au contraire elle y gagne
beaucoup, quand elle agit
par le seul desir de plaire
à Dieu, & non sous espoir
de recompense. Cecy po-
sé, ie viens à la pratique.

I. En la Sainte Communion, lors que nous tenons nôtre Dieu embraſſé, conſacrons luy tout nôtre eſtre & pouuoir, ame, corps, biens, offices & dignitez, auec proteſtation que nous voulons employer le tout à ſa plus grande gloire & à ſon ſeul honneur, deteſtant & renonçant à tout reſpect humain & à tout intereſt, qui s'y pourroit gliſſer, & qui ne viſeroit point à ſon bon plaiſir. Et que faiſons nous de grand, ſi nous conſacrons tout au ſeruice de ce Sei-

gneur, de qui nous auons
tout receu , & qui se donne tout à nous en la Sainte Eucharistie auec tant
de misericorde.

II. Tous les matins,
apres auoir préueu tout
ce que nous aurons à fai-
re , pensons attentiuemét
que Dieu nous a donné la
vie , afin que du moins ce
iour la nous l'employons
serieusement à son hon-
neur & seruice ; puisque
nous l'auons employée
tant de fois & auec tant
d'ardeur à seruir le mon-
de , la chair & le Demon.
Offrons donc à Dieu tou-

tes chofes, comme deffus.

III. Faifons le mefine
douant les principales &
plus importantes actions
de la iournée, particulierement au cômencement
d'vne affaire honnorable
où vtile, de peur qu'e-
ftant emportez par le
profit où par l'honneur,
nous nous éloignions du
but que nous nous fom-
mes propofez. Et on ne
fe doit mettre en peine,
fi cette penfée de vaine
gloire où d'vtilité fe prefente fouuent, il la faut
rejetter par ces paroles de
S. Bernard. *Ie n'ay pas*

commencé *pour toy*, *& ie n'a-*
cheueray pas pour toy. Ie
trauaille pour Dieu, à luy
soit gloire & loüange.

I V. Mettons nous de
fois à autre en la presence
de Dieu pendant l'action,
& le considerant attentif
à nôtre ouurage parlons
luy auec tendresse & af-
fection, *Se peut-il faire, ô*
bonté infinie, que ie plaise à
vôtre diuine Maiesté par si
peu de chose ? Qui suis-ie,
& quel est cét ouurage de mes
mains, que vous mon Dieu
daigniez y prendre plaisir?
A la mienne volonté que ie
vous seruisse mille & mille

fois auec plus de perfection,
pour vous donner plus de
contentement. Ces paroles
& autres semblables non
seulement nous main-
tiendront en nôtre de-
uoir, mais encor nous
exciteront à faire nos œu-
ûres auec plus de deuo-
tion & de pureté, de peur
que nous ne manquions
par negligence d'accom-
plir ce qui plaist à vne si
grande Majesté.

V. Mais d'autant qu'-
assez souuent il se glisse
vn peu de vaine complai-
sance au bon succez de
nos actions, prenons gar-

de que nous assujetissions incontinent à la gloire de Dieu toute la vaine loüange des hommes , qui nous pourroit flater de nos bonnes œuures : & comme nous n'auős rien que nous n'ayons receu de Dieu , de mesme ne nous reseruons rien sans le rendre à Dieu , de qui nous le tenons , en luy disant , *Non point à nous, Seigneur , non point à nous, mais donnez gloire à votre nom.*

VI. Interrogeons nous souuent nous mesme, *Que pretens-tu par cêt étude,*

par ees pensées, par cette oc-
cupation, par ce seruice, par
cette obeïssance, par ce tra-
uail ? Que regarday ie en
tout cela ? Sont-ce les richesses? est-ce l'honneur?
ce sont des biens mais in-
certains, trompeurs &
perissables. Est-ce la faueur des Princes? ah ! elle
est plus fresle que le ver-
re, qui se casse lors qu'il
paroit auec plus de splen-
deur ; elle est plus glissan-
te qu'vne anguille, elle
échape quand on pense la
bien tenir. Ie serois vn
grand fol si ie poursuiuois
vne chose de si courte du-

F

rée, si fragile & si legere
par tant de sueurs & des
trauaux si longs, si conti-
nus & si facheux: veu que
ie peux gagner à mesmes
frais les biens solides, af-
furez & eternels. Pour-
quoy seray-je si auide des
biens de la terre, estant
capable de ceux du ciel?
Pourquoy m'efforceray-
je tant de plaire aux hommes, veu que ie peux plaire à Dieu ? Pourquoy
m'étudier de contenter la
creature, pouuant si aisément contenter le Crea-
teur ? Ie peux gagner les
bonnes graces de mon

Dieu, dequoy me mettre
tant en peine de celles des
hommes. Asseurément
si ces esclaues de Cour,
que Seneque dit ne point
trauailler parmy leurs
plus grandes occupatiós,
ne point dormir que du-
rant le sommeil d'autruy,
ne marcher qu'au pas des
autres, & ne manger que
quand les autres ont ap-
petit , bref viure d'vne
vie qui n'est presque
point à eux , si dis-je ces
Courtisans faisoient re-
flexion sur ces veritez, ils
ne souffriroient pas de se
voir priuez de tout le

fruit de cette miſerable
condition , & ne ſeroient
pas vn iour reduits à la-
menter , mais trop tard
& en vain leur vie, qu'ils
pouuoient employer au
ſeruice d'vn Maitre plus
fidelle & plus reconnoiſ-
ſant : mais ayans tout ra-
porté à Dieu , ils atten-
droient de luy auec aſſeu-
rance vne tres-ample re-
compenſe de leurs tra-
uaux.

Au reſte pour dreſſer
nos actions vers Dieu
auec plus de facilité , on
doit conſiderer que les
vnes ſont neceſſaires , &

les autres libres. Les ne-
cessaires font celles que
nous deuons à la nature,
à la famille , aux sujets,
aux maitres : les libres
font celles que nous en-
treprenons de nôtre fran-
che volonté , sans y estre
engagez par aucune ne-
cessité. Celles cy , pour-
ueu qu'elles soient hon-
nestes selon qu'elles doi-
uent , seront aisément
conduites à Dieu source
de toute honnesteté , si
nous auons la pureté de
conscience : mais les ne-
cessaires luy appartien-
nent en quelque façon
F iij

auec plus de droit, entant
qu'il est autheur de la nature & de toute sujettion
& domaine. C'est pour-
quoy nous prendrons le
soin soit de la nature, soit
de la famille, soit des sujets , comme d'affaires
que Dieu nous a mis en-
tre les mains pour y va-
quer : Nous obeïrons à
nos Superieurs , comme
établis de Dieu au dessus
de nous , afin que trou-
uans Dieu en toutes cho-
ses , nous jettions particulierement sur luy les
yeux de nôtre intention,
de maniere qu'encor qu'il

y ait plusieurs objets, aus
quels nous soyons occu-
pez, il ny ait neantmoins
qu'vn seul but où nous
visions, à sçauoir Dieu,
& sa gloire, & son bon
plaisir.

A cecy ne seruira pas
peu vne serieuse *conside-*
ration de sa fin, & de toutes les creatures: car Dieu
a creé l'homme, non
point pour les richesses,
les honneurs, les volu-
ptez où aucune autre
creature, pour y prendre
son repos, & s'estimer
heureux par sa iouïssan-
ce: mais il a produit tou-

tes chofes pour foy mef-
me , afin que l'homme
loüe & glorifie de cœur
& d'œuures fon Crea-
teur , rapportant toutes
chofes à fa plus grande
gloire pendant fa vie , &
qu'en l'autre il puiffe
iouïr de luy à toute eternité. Or il a produit toutes les autres creatures,
à deffein que l'homme
s'en feruit feulement, entant qu'elles contribuë-
ront à obtenir plus faci-
lement cette fin dont
nous auons parlé. D'où il
s'enfuit qu'en l'vfage des
creatures on doit auoir
égard

égard principalement à
Dieu , comme à vn di-
ftributeur tres - liberal,
puifque l'on renuerfe fon
ordre toutesfois & quan-
tes qu'on fe fert des creatures à d'autres fins.
N'eft-ce pas vne confu-
fion à l'homme éleué au
deffus de toutes chofes
(car vous auez tout affujeti
fous fes pieds) de s'abaiffer
au deffoushonteufement,
leur feruir , & les pour-
fuiure auec autant d'ar-
deur , comme fi les crea-
tures n'eftoient point faites pour luy , mais plutôt
luy pour elles ? Ne di-
G

riós nous pas à bon droit
que celuy la est vn fol &
indigne de faueur, qui di-
uertiroit en autre chose
qu'à l'obeiffance du Prince, le valet a qu'il auroit
fait commandement &
donné des gages pour le
feruir? Nous faifons tous
les iours la mefme folie,
quand oubliant les bien-
faits diuins & nôtre con-
dition, nous regardons
autre chofe que Dieu.

ORAISON.

Dieu tout-puiffant
& mifericordieux,
ie vous cójure de me faire

la grace de desirer ardem-
ment les choses qui vous
plaisent , de les recher-
cher auec prudence , les
reconnoitre en verité , &
les accomplir parfaite-
ment. Ordonnez mon
état à la gloire & loüange
de vôtre nom ; donnez-
moy la connoissance , le
pouuoir & la volonté de
faire ce que vous deman-
dez de moy , & de l'exe-
cuter comme il faut, & selon qu'il est expedient au
salut de mon ame. Ievous
prie que ie m'achemine
vers vous par vn chemin
droit, parfait & asseuré,

fans me fouruoyer entre
les profperitez & les ad-
uerfitez , de façon qu'en
celles - la ie ne m'éleue
point, & en celles-cy ie
ne perde point courage;
qu'en celles - la ie vous
rende graces, & en celles-
cy ie conferue la patien-
ce; que ie ne me rejouïffe,
ny m'aflige que de ce qui
m'aduancera vers vous,
ou qui m'en retirera ; que
ie ne defire de plaire, ny
craigne de déplaire, finon
à vous feul. Donnez-moy
la grace de faire toutes
chofes en charité , & d'e-
ftimer comme rien tout

ce qui n'apartient point à
vôtre seruice. Accordez-
moy cette faueur d'acom-
plir toutes mes actions
non point par coûtume,
mais de vous les raporter
auec deuotion. Que ie
tienne pour vil tout ce
qui est transitoire, & que
ie cherisse pour vôtre
amour toutes les choses
qui vous concernent, &
vous, mon Dieu, plus que
toutes choses. Que la
ioye, qui est sans vous,
me soit ennuyeuse, & que
ie ne desire rien hors de
vous. Que tout trauail,
qui est pour vous, soit

mon plaifir; Et que tout
repos , qui ne fe prend
point en vous , me foit
facheux. Donnez-moy,
tres-doux Seigneur , de
dreffer fouuent mon
cœur vers vous , & fi i'y
manque , de m'en repen-
tir auec refolution de
m'amender. Mon Dieu,
faites moy humble fans
feintife , ioyeux fans dif-
folution , trifte fans aba-
tement , modefte fans
trop de grauité , prompt
fans legereté , veritable
fans duplicité , efperant
en vous fans prefomp-
tion , chafte fans corru-

ption, reprendre le prochain ſans colere, l'aimer ſans diſſimulation , & l'edifier de paroles , & d'exemple ſans vanité, obeiſſant ſans contradiction , & patient ſans murmure. Seigneur mon Dieu , donnez-moy vn cœur vigilant, qu'aucune penſée curieuſe ne retire de vous , rendez-le immobile , qu'aucune affection indigne ne tire en bas , donnez-le inuincible, qu'aucune affliction ne laſſe, donnez-le libre & affranchi , qu'aucune delectation violente n'at-

tire, & donnez-le droit,
qu'aucune finiſtre inten-
tion ne faſſe gauchir.
Mon Dieu & ma ſainte
douceur , donnez-moy
vn entendement qui vous
connoiſſe , vne diligence
qui vous cherche , vne ſa-
geſſe qui vous plaiſe , vne
perſeuerance qui vous
attende paiſiblement &
confidemment , & vne
confiance qui vous em-
braſſe heureuſement. Fai-
tes que ie reſſente vos peines par la penitence , que
ie faſſe bon vſage de vos
bien-faits en cette vie par
la grace , & enfin que ie

iouïsse de vôtre ioye au Ciel par la gloire. Ainsi soit-il.

Oraisons iaculatoires.

Ie vay commencer cét ouurage au nom du Pere, du Fils & du S. Esprit.

A la plus grande gloire de Dieu.

Gloire soit au Pere, au Fils & au S. Esprit.

Non point à nous, Seigneur, non point à nous, mais donnez gloire à vôtre nom.

A Dieu soit honneur & gloire par tous les siecles des siecles.

Soiez beny, Seigneur, au firmament du Ciel, vous estes loüable & glorieux és siecles.

Ie beniray Dieu en tout temps, sa loüange sera toûjours en ma bouche.

Magnifiez le Seigneur auec moy, & exaltons son nom en luy-mesme.

Le nom de Dieu soit benit depuis ce moment iusqu'à la fin des siecles.

Mon ame magnifie le Seigneur, & mon esprit s'est réjouy en Dieu mon salutaire.

Mon Dieu, que vôtre nom soit sanctifié.

PRECEPTE III.

*Pratique de la confor-
mité de la volonté
humaine auec la
diuine.*

ELle consiste en ce-
cy.

I. En ce que quelcun
se jette dans le sein de la
diuine prouidence since-
rement & cordialement,
du moins toutes les fois
qu'il communie, non seu-
lement en luy permet-
tant, mais encor se re-

mettant entre ſes mains
pour diſpoſer librement
de nous & de tout ce qui
nous concerne, de la vie,
de la mort, de la ſanté,
des honneurs, des richeſ-
ſes & de tout nôtre état
ſelon ſon bon plaiſir : *car*
il eſt le Seigneur vniuerſel de
tous ; & il faudroit eſtre
inſenſé de vouloir ſe reti-
rer du domaine, dont
aucune creature ne peut
s'exempter.

II. Dans les aduerſi-
tez (car en la proſperité
chacun s'accommode fa-
cilement à la volonté di-
uine, ſelon ce trait. *Il ſe*

louëra quand tu luy feras du bien) abſtenons nous de plaintes & de murmures contre Dieu, & diſons auec Iob, *Il a eſté fait ainſi qu'il à pleu au Seigneur; le nom du Seigneur ſoit benı;* où auec Heli, *Il eſt le Maitre, qu'il faſſe ce qui eſt bon deuant ſes yeux.*

III. Gardons nous de rechercher les ſecrets iugemens de Dieu, Pourquoy il nous a enuoyé cette affliction, plutôt qu'à ceux-cy, où à ceux-la; d'autant qu'il y a la dedans vn ſerpent d'orgueil caché, qui nous fait croire plus innocens que les autres. Celuy seul qui l'a fait, sçait pourquoy il la fait ; voire mesme il l'a fait pour nôtre mieux, si nous en sçauons bien vser.

IV. Seruons nous de l'argument dont le Pere François Coster se consoloit parmi toutes ses trauerses, sans auoir iamais esté abatu de tristesse, Où nous meritons ce mal pour nos pechez, ou non: Si nous le meritons, pourquoy n'adorerons nous pas ioyeusement la bonté diuine, qui nous châtie en cette vie pour nous pardonner en l'autre? Si nous ne le meritons pas, (mais qui osera dire cela de soy ,) vn grand sujet de ioye nous est encor offert, de ce que Dieu nous fait l'honneur de nous traiter de la mesme façon , qu'il a traité son tres-cher Fils, & de ce qu'il opere en nous vn poids eternel de gloire, par vne tribulation legere & d'vn moment. Le Pere Sotuelle tres-saint personnage, mettoit son esprit en repos par ces paroles , *Dieu connoît pour-*

quoy il a permis cette affli-
ction : car c'est ou pour dé-
tourner vn mal plus facheux,
ou pour nous conferer quelque
grand bien ; quoy qu'il en
soit, i'ay dequoy me congra-
tuler & rendre graces à mon
Dieu.

V. On ne doit pas
neantmoins pour cela
negliger les moyens hu-
mains, mais les embrasser
sans inquietude, & d'vn
esprit tranquille : car à
peine peut-on esperer
cette sainte conformité,
quand l'esprit préocupé
de quelque passion se laif-
se trop emporter de l'vn

des

des deux côtez. Or on montrera plus bas le frein, qui arrestera cette impetuofité.

VI. A la verité nous pouuons prier la bonté diuine de nous acorder ce bien & détourner ce mal, neantmoins toûjours auec cette condition, que nôtre volonté ne foit pas faite, mais la fienne ; non pas comme nous voulons, mais comme il veut. Voire ce feroit vne plus haute perfection de ne demãder iamais riẽ à Dieu abfolument, mais d'imiter ces deux Sœurs

H

deuotes, lesquelles estant
en peine de la maladie de
leur frere Lazare, n'écri-
uirent à Iesvs-Christ
que ces deux mots. *Voila
celuy que vous aimez, qui se
porte mal*, remettant le
tout à sa disposition &
bonté. De mesme nous
deuons dire, *Voicy, Sei-
gneur, celuy que vous aimez,
qui soufre cette iniure, ce
mépris, cette aflication; il à
besoin d'assistance, de cette
grace, de ce soulagement.*
Soyons certains & asseu-
rez que ce Seigneur qui
nous porte tant d'affe-
ction, y pouruoira d'vne

meilleure maniere que
nous ne pourrions luy
fuggerer.

VII. Si quelque fois
nous reffentons la rebel-
lion de nôtre volonté,
qui repugne au bon plai-
fir de Dieu, en vne chofe
facheufe & difficile, re-
prefentós nous que nôtre
Dieu où Iesvs-Christ
nôtre Seigneur en fa for-
me vifible nous dit à peu
prés ces paroles : Reçoy,
mon enfant, cecy de ma
main, voicy ce que ie te
mande & ce que ie t'en-
uoye ; ie veux que tu façe
ou endure cecy tout à

l'heure & de telle manie-
re ; ie veux que tu foufre
maintenant cette mala-
die, cette peine , pour l'a-
mour de moy ; ie veux
que tu me ferues en tel
employ , en tel office.
Cette pratique adoucira
toute difficulté ; bien d'a-
uantage nous nous efti-
merons heureux de ce
qu'il daigne nous tant
gratifier , que de nous
prefenter fon calice de fa
diuine main.

Or cette conformité,
dont nous parlons , eft
principalement   fondée
fur deux principes. 1. fur

la cognoissance de la sa-
gesse & bonté diuine. 2.
sur l'adueu de nôtre pro-
pre aueuglement : car
comme nous sommes
aueugles & ignorans de
nôtre vray bien, souuen-
tesfois nous sommes plu-
tôt gaignez par les biens
apparens que par les veri-
tables, & comme des en-
fans nous desirons les
nuisibles, & nous nous y
attachons auec grand pe-
ril de nôtre salut. Mais
Dieu, parce qu'il est tres-
sage, distingue les vrays
biens d'auec les faux &
préjudiciables ; & d'au-

tant qu'il eſt tres-bon　&
nous aime d'vnê tendre
affeſtion , il diſpoſe toutes choſes ſuauement à
nôtre profit & ſalut éter-
nel par des moyens , qui
nous ſont à la verité in-
connus , & ſouuentefois
facheux à la chair , mais
toûjours profitables , leſ-
quels ſi nous conoiſſions
en cette vie , bien loin de
nous en affliger , nous en
receurions vne grande
douceur , & ſerions exci-
tez à aimer vn Pour-
uoyeur ſi ſoigneux & de-
bonnaire , comme nous
ferons en l'autre vie , où

nous verrons clairement
la difpofition amoureufe
des moyens, dont fa bon-
té s'eft feruie pour nous
conduire au Ciel ; nous y
remercirons Dieu eter-
nellement pour cette ma-
ladie, pour cette injure,
& ce mépris, pour cette
perte de biens, en vn mot
pour ces chofes qui nous
donnent tant d'affliction
maintenant.

Il fera bon encor que
chacun fe confidere foy
mefme & fes biens, non
comme chofes fiennes,
mais d'autruy : fçauoir de
fon Dieu & Seigneur, du-

quel il les a receu par em-
prunt, de telle sorte ne-
antmoins qu'il s'est re-
serué le droit de les repe-
ter & en disposer, com-
me choses à luy apparte-
nantes, quand & cóment
il luy plaira, afin que
nous puissions dire auec
Iob en la perte d'icelles,
*Le Seigneur les a ostées, il
a esté fait selon qu'il a pleu
au Maitre.*

ORAISON.

MOn Dieu & mon
amour, Que ia-
mais il n'arriue que ie ne
vueille pas ce que vous
voulez,

voulez, où que ie vueille
ce que vous ne voulez
pas; vôtre volonté est la
mienne : que dis-je, elle
n'est plus à moy, puis
qu'elle commence à estre
vôtre; voire ie dois maintenant suiure la vôtre,
veu qu'elle commence
d'estre mienne. Ie suis
obligé d'auoir le mesme
vouloir que vous, & en
verité, Seigneur, ie le
veux. Vous voulez que ie
sois malade, ie le veux;
vous voulez que ie sois
pauure, ie le veux aussi;
que ie sois accablé d'en-
nuy & de tristesse, ie m'y

foumets; que ie fois priué
de toute confolation , i'y
confens ; que ie fouffre
plufieurs fortes d'affli-
ctions , fort volontiers;
vous voulez que ie meu-
re, i'en fuis content. Vous
voulez que i'aille au Ciel,
ah ! ie le veux de tout
mon cœur; vous voulez
m'enuoyer aux Enfers,
ah ! bon Iefus ie voulois
par mes démerites vous
contraindre de le vou-
loir, & vous vouliez par
vos merites m'obliger à
ne le pas vouloir. Or fi
l'vn des deux eftoit poffi-
ble (ce qui ne fe peut) où

que vôtre sainte volonté
ne fût point accomplie
pour me rendre bien heu-
reux, où que ie fusse damné pour qu'elle fût acom-
plie, ie le dits hautement,
il vaut mieux que ie sois
damné, & que ce que vous
voulez, ô mon Dieu, soit
accomply. Mais, ô bon-
té souueraine, ie sçay que
vous ne voulez point ma
mort, vous qui auez vou-
lu la mort de vôtre Fils,
afin de pouuoir ne point
vouloir la mienne. Que
donc vôtre volonté soit
faite en la terre comme
au ciel. Ouy, mon Dieu,

qu'elle soit faite , ie luy
remets toutes les affaires
particulieres & generales,
parce que ie sçay que vous
soignez à tout ; & ie ne
me   troubleray   point,
quoy qu'il arriue soit en
particulier, soit en public;
mais   i'acquiesceray   en
toutes choses à vôtre sainte volonté , elle sera mon
refuge & ma consolation.
Ainsi soit-il.

Oraisons iaculatoires.

Vôtre volonté soit faite
en la terre comme au ciel.
     Soit fait ainsi que le ciel
l'a ordonné.

Seigneur , que vous plait-il que ie fasse?

Mon cœur est prest, Seigneur , mon cœur est tout prest.

Ie suis tout à vous, sauuez moy.

La chose est arriuée comme il a pleu à Dieu.

Le nom du Seigneur soit beny.

Voicy Dieu mon Sauueur , i'agiray confidemment & sans crainte.

Commandez Seigneur ce que vous voudrez , & donnez moy la grace d'accomplir ce que vous me commandez.

CONCLVSION.

Vous auez, mon cher Lecteur, l'Art de viure parfaitemēt, qui n'eſt pas tant mon ouura-ge, que celuy du S. Eſprit, lequel l'a enſeigné par la bouche du Prophete Royal, *Détourne toy du mal & fay le bien : recherche la paix & la pourſuis.* Qui-conque conſerue ſa con-ſcience pure, il ſe diuer-tit du mal, veu qu'il ny a rien pire que le peché ; ce-luy la exerce la bonté, qui fait les choſes bonnes, non ſeulement tres-bon-

nes & tres-parfaites: mais
encor rend bon ce qui ne
merite presque pas le
nom de bien. Or celuy
qui se conforme à la vo-
lonté de Dieu, & se repose
doucement dans ses sain-
tes dispositions , recherche la paix & la poursuit.
Cét Art est donc certain
que i'ay décrit en peu de
mots, parce qu'il s'aprend
mieux par exercice que
par paroles. Ceux qui le
parcourront feulement
pour côtenter leur esprit,
diront que beaucoup de
choses y manquent ; les
autres doüez de bonne

volonté, qui mettront la
main à l'œuure, main-
tiendront qu'il eſt ſuffi-
ſant : ceux-la voudroient
vn catalogue des autres
vertus ; ceux-cy par la
pratique de deux les exer-
ceront toutes. I'aduouë
neantmoins que cét Art
n'eſt pas encor acheué
entierement : Quand vous
y aurez adjouté la prati-
que, il ſera en ſa perfe-
ction. C'eſt ce que ie vous
ſouhaite en qualité d'A-
my.

A la plus grande gloire
de Dieu.

I'Adjouſte icy vne Let-
tre, qui a eſté déſja ex-
poſée au public en Latin
& en François , auec ce
tiltre , Lettre de Monſei-
gneur Fabio Chigi, Eueſ-
que de Nardo , mainte-
nant Pape Alexandre
VII. A Monſieur An-
tonio Bichi , Abbé de
Sainte Anaſtaſe , lors In-
ternonce en Flandre , &
maintenant Eueſque de
Montalcino , ſon Neveu.

*

FABIVS EVESQVE
de Nardo, A Antoine Bichi, Abbé de Sain-te Anastase.

MON cher Neveu, I'ay souffert nôtre separation auec regret, & ie ne puis mieux me consoler sur la peine que i'en ay receuë, que par le commerce reciproque de nos Lettres, auquel ie donneray commencemét par les mesmes paroles, qui furent la fin du dernier entretien, que nous eusmes ensemble au point de vôtre depart. Ie vous conjure donc derechef de vous attacher à lecture des Oeuures de MONSIEVR DE

SALES, de vous y affectionner & d'en faire vos plus cheres delices. Soyez son Lecteur assidu, son Fils obeïssant & son Imitateur fidelle. C'est à sa Philothée, ou autrement son *Introduction à la vie Deuote*, à qui ie dois depuis 20.ans apres Dieu, le peu de bien que ie fais s'il y en a en moy, apres l'auoir leuë cent fois, que ie la relise encor autant, il me semble à chaque fois qu'elle me dit toû-jours quelque chose de plus, que ce qu'elle m'auoit dit au-parauant. Ie vous prie de vous seruir de ce Liure comme de niueau & de regle, sur qui vous preniez la mesure de tou-tes vos actions afin de vous y conformer: Il ne vous persua-de point l'austerité, ny la soli-

tude des deferts, ny vn genre
de vie extraordinaire ; mais
vne deuotion ciuile, noble &
temperée, c'eſt à dire vne maniere de viure facile & qui
s'accommode à la condition
d'vn chacun ; mais qui ne laiſſe pas neantmoins d'atteindre
au comble de la ſainteté &
d'vne perfection ſolide. Si la
vertu, diſoit vn Ancien, pou-
uoit eſtre depeinte auec des
couleurs aſſez viues, elle atti-
reroit puiſſamment tout le
monde à ſon amour & à ſa ſuite. Certes le grand FRANÇOIS
DE SALES, ſelon mon iuge-
ment, à reüſſi dans ce deſſein,
tant il nous la repreſentée au
vif pleine de Majeſté & d'attraits de beautez & de graces,
Mais ce qui le rend plus digne

de loüange & de veneration,
& les Lecteurs plus affection-
nez à sa lecture, c'est que se
proposant nôtre Sauueur
pour Prototype , il a commencé de faire , auant que
d'enseigner; de sorte que ceux
qui penetrent & compren-
nent bien ses aduis, semblent
y lire sa vie, & ceux qui suiuent ses preceptes , le font
d'autant plus volontiers, que
luy-mesme leur en a donné
l'exemple auparauant. Estant
né d'vne illustre & riche famille , il fut éleué dans la pieté &
les belles Lettres à la façon
des Nobles. Nous l'auons veu
paroitre durāt nos iours auec
tant d'honneur , de modestie
& de sainteté, dans la Cour des
Roys & des Princes, dans les

maiſons des particuliers, dans
les compagnies de ſes amis,
dans les affaires, dans les exercices de pieté, bref dãs tous les
trauaux de ſa charge Epiſco-
pale, que nous ſommes con-
traints de rougir de nôtre la-
cheté, & de la condamner iu-
ſtement, lors que pour nous
diſpenſer de mener vne vie
ſainte & deuote, nous nous
excuſons ſur la coûtume du
monde, ou ſur l'embaras des
affaires, ou ſur la condition de
nôtre naiſſance. Ce que i'ay
dit de la Philothée, ie le dis
encor de ce Liure tout d'or *de
l'Amour diuin* & de tous les
autres Ouurages de cét admi-
rable Ecriuain. Ie vous aduoüe
que les liſant iour & nuit, ie
me ſens obligé de faire vn re-

cueil de ses plus belles maxi-
mes, & des points principaux
de sa doctrine, que ie rumine
puis apres, les meditant à loi-
sir, & que ie fais passer, s'il
faut ainsi dire, en mon esto-
mach pour les transformer en
mon Sang & en ma propre
substance, autant qu'il m'est
possible. Voila mon sentimét,
mon cher Neveu, vous exhor-
tant de tout mon cœur de le
suiure; car si vous vous pro-
posez ce Grand Homme pour
guide qui vous accompagne
par tout, ou selon la pensée de
Seneque, pour Censeur &
pour Maitre, qui ait l'œil toûjours sur vous, & dont vous
suiuiez les enseignemens, ie
n'auray point sujet de me re-
pentir du conseil que ie vous

donne, ny vous de l'auoir mis
en execution. Ie finiray, mon
cher Neveu, auec ce trait
d'Horace,

Si vous recognoissez quelque
chose de mieux,
Donnez moy vos aduis d'vn
cœur franc & sincere:
Sinon, suiuez les miens sans
y estre contraire.
Adieu, mon cher Amy, &
vous tenez ioyeux.

A Cologne le 1. iour
d'Avril 1642.

9 782329 777696